U0479017

UNESCO Chair on Peace Studies
NANJING UNIVERSITY
People's Republic of China

小学和平教育

主　编　刘　成

副主编　唐隽菁

　　　　缪　青

南京师范大学出版社

图书在版编目（CIP）数据

小学和平教育 / 刘成主编；唐隽菁，缪青副主编.
南京：南京师范大学出版社，2024. 10. -- ISBN 978-7-5651-6673-0

Ⅰ. G623.102

中国国家版本馆CIP数据核字第2024U3A986号

书　　名　小学和平教育
主　　编　刘　成
副 主 编　唐隽菁　缪　青
责任编辑　郑海燕　庞　昊　王雅琼　刘双双
装帧设计　千万次设计工作室
出版发行　南京师范大学出版社
地　　址　江苏省南京市玄武区后宰门西村 9 号（邮编：210016）
电　　话　（025）83598919（总编办）　83598412（营销部）
网　　址　http://press.njnu.edu.cn
电子信箱　nspzbb@njnu.edu.cn
印　　刷　南京新世纪联盟印务有限公司
开　　本　787mm × 1092mm　1/16
印　　张　6.75
字　　数　89千
版　　次　2024年10月第1版
印　　次　2024年10月第1次印刷
书　　号　ISBN 978-7-5651-6673-0
定　　价　48.00元
出 版 人　张　鹏

写给同学们的话

亲爱的同学们：

欢迎你们打开这本《小学和平教育》！它是一扇窗，将引领你们探索“积极和平”这一广阔天地。为了让你们自由地遨游在知识的海洋中，本书精心设计了以下几个栏目。

知识窗

通过丰富的资料，拓展知识，帮助你们了解什么是积极和平，进而理解和平的重要性。

放大镜

适合小组或班级讨论，培养你们发现问题与解决问题的能力，促进你们的交流与合作，共同挖掘积极和平的深层含义。

活动园

通过丰富多彩的实践活动，让你们在亲身体验中感受和平的力量，在实践中学习成长。

习惯树

培养与积极和平相关的良好行为习惯和品质，注重日常生活的方方面面，为你们的全面发展奠定基础。

以上几个栏目各具特色，相辅相成，采用了多样化的学习方式，旨在引导你们深入探索积极和平的内涵和价值，培养出真正具备积极和平意识与行动能力的新时代少年。

让我们一起，踏上这段“积极和平”的探索之旅吧！

序

和平教育是关于和平的教育，也是为了和平的教育，是以消除一切形式的暴力与建立和平文化为导向的教学实践。教育是面向所有孩子的，但教育的意义是培养一个孩子成为他（她）自己，因为每个人都有自己的特质和潜能。好的教育是让一个人成为最好的自己，而人是社会中的人，和平教育的价值是促使一个最好的自己与最好的世界相连接。党的二十大报告提出“弘扬和平、发展、公平、正义、民主、自由的全人类共同价值”。联合国在21世纪初提出“为世界儿童创建和平与非暴力文化国际十年”倡议。和平大树是藏在和平种子里的，和平需要滋养和培育，然后才能成为现实。和平教育的希望是孩子们在成长过程中尊重和平并了解如何实践和平。和平教育的目标是为一个和平社会培养“和平的人”。

战争源于人之思想，通过和平教育能为青少年的思想树立起保卫和平之屏障。积极和平超越了“没有战争”这一内涵，包括健康的生活、人权的维护、种族平等、性别赋权、生态保护等关键主题，意味着创建一个美好安全的空间，可以是家庭、社区、学校、工作单位、国家、国际社会，人们可以在其中体面地生存和富足地生活；意味着打开而不是抑制人类的不同倾向和才能。积极和平的概念建立在对广泛社会条件的理解之上，公正与平等是和平的根本因素，它关注未来的、持久的、全面的和平。和平教育包括裁军教育、人权教育、冲突化解教育、国际理解教育、道德与法治教育、性别公平教育、健康教育、全球公民教育、可持续发展教育等，其中的每一项都关注消除直接暴力或间接暴力。

和平教育凸显联合国教科文组织倡导的和平文化，它是一种价值观、态度、行为方式和生活方式，基于和平、容忍、理解、团结以及以非暴力解决争端和冲突的能力之上，通过个人、群体和国家之间的对话与合作解决问题。世界需要这样一种和平文化，没有它，国际和国内和平与安全的重大问题就难以解决。因此，和平教育是变革性的，它培养知识基础、技能、态度和价值观，以期改变我们那些加剧了暴力冲突的思维方式、态度和行为。

中国是世界和平的坚决倡导者和有力捍卫者，亟须弘扬与传播具有中国特色与话语权的和平教育读物。本书基于我们二十多年的中国和平教育工作，特别是南京多所小学和平教育课程的实践编写而成，遴选新时代小学生亟须了解的和平文化与形态、全球发展与环境问题、跨文化理解与交流、冲突化解与非暴力沟通、情绪管理与创伤修复等主题，科学诠释了和平的丰富内涵，兼具国内创新研究和国际前沿视角，有助于推动小学课程中道德与法治、语文、英语、美术等多学科的交融发展，提升小学生的综合素养和跨文化视野，为构建人类命运共同体、促进全球和平发展贡献应有之力。

刘　成

（南京大学和平学研究所所长、联合国教科文组织和平学教席主持人）

目录

第1课

倡导积极和平

故事导航

2004年，诺贝尔和平奖颁发给了旺加里·马塔伊。她是肯尼亚的社会活动家，创立了“绿带运动”组织，号召人们植树和保护环境。她也是第一位获得诺贝尔和平奖的非洲女性。

小时候，马塔伊生活在一座山脚下。那里绿树成荫，土地肥沃。后来，她远渡重洋，求学异国。当她学成归来时，发现家乡的小溪干涸了，树木不见了，一片荒芜。于是，她决定采取行动，动员妇女植树，以改善环境，减缓荒漠化进程。虽然困难重重，但是她们坚持不懈，在肯尼亚种下了3000多万棵绿树。后来，她还推动联合国发起了一项运动，在全球种下了110亿棵树，让地球焕发绿色生机。

2009年，马塔伊被任命为联合国和平使者，重点关注环境和气候变化问题。有人说：“即使没有人为这位伟大的非洲女性鼓掌，树木也会为她喝彩。”

2022年，为了致敬马塔伊对可持续发展的贡献，联合国发行了一枚纪念邮票。邮票上写道：“当我们种树时，我们就播下了和平与希望的种子。”

和平就是没有战争吗？

和平远远不止没有战争。

什么是积极和平？

提到和平，你的脑海中有没有浮现出战争结束的场景？其实，和平不仅仅是战争的不在场，它还有着更为丰富的内涵，与我们的生活紧密相连。

和平有两种形态。

消极和平

没有人与人之间的暴力和战争，主张通过谈判与调解来解决争端，依靠国际性协议或组织（如联合国）来保障安全，更关注现在和短期的安全问题，如减少战争风险、裁军、防止核扩散、调停国际冲突等。

积极和平

关注未来的、持久的、全面的与真正的和平，它是一个过程，旨在消除各种形式的暴力，如生命威胁、歧视、压迫、剥削、贫困等，分为直接的积极和平、结构的积极和平、文化的积极和平、自然的积极和平四种类型。

和平从哪里来？

怎样才能实现真正的和平？这需要我们一起努力，去构建内心和平、社会和平与自然和平。

内心和平，要学会与自己和谐共处、健康快乐、精神平和、品性善良，要知足常乐，有同情心和艺术审美情趣。

社会和平，人与人之间要和平相处、相互理解、团结友爱、合作包容，妥善处理人际关系，学会冲突转化。

自然和平，要与自然共生共息，与地球和谐相处，拒绝过度开发自然资源，守护绿水青山，让地球万物可持续发展。

> 自古以来，和平就是人类最持久的夙愿。和平像阳光一样温暖、像雨露一样滋润。有了阳光雨露，万物才能茁壮成长。有了和平稳定，人类才能更好实现自己的梦想。
>
> ——习近平

和平的源泉至关重要，它们是我们实现真正和平的基础。建设积极和平是每个人的任务，也是人类大家庭的挑战。我们要从身边力所能及的小事做起，与他人一起营造和谐氛围；我们要热爱班集体，尊敬师长，友爱同学，乐于助人，积极向上；我们要节约能源，做好垃圾分类……这些都是建设积极和平的行动哦！

放大镜

想一想，需要哪些价值观的滋养，才能开出积极和平之花？请在下面的“花瓣”上写一写。

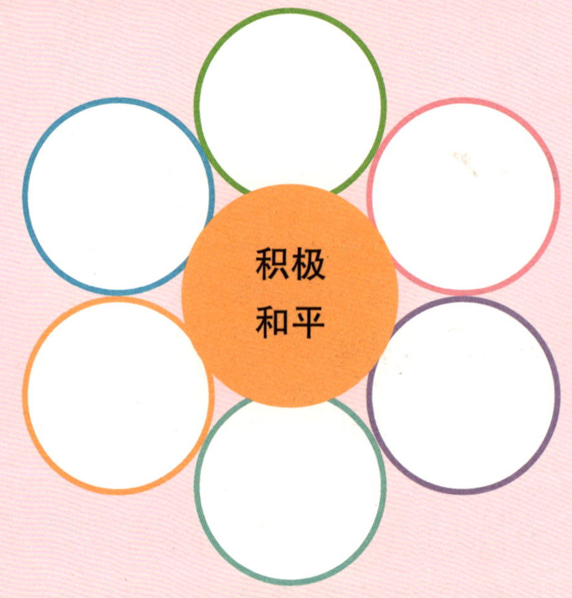

什么是暴力？

人们通常把暴力看成和平的对立面，认为和平就是没有暴力。所以，我们在理解和平时，还需要了解暴力。

暴力是一种强制力量，会对我们的身心造成伤害。它有直接暴力、结构暴力、文化暴力和生态暴力四种类型。

类型	表现
直接暴力	战争、杀戮、犯罪、破坏、殴打、辱骂等行为
结构暴力	极度贫困、不公、压迫、歧视等现象
文化暴力	用语言、艺术等形式让直接暴力和结构暴力变得合理
生态暴力	乱砍滥伐、过度捕捉、污水排放、大气污染等现象

暴力破坏了许多人的生活，侵害了儿童、妇女和老年人的权益，每年影响着全球数十亿人的生命。只要暴力还存在，世界就难以实现真正的和平。所以，我们要拒绝暴力行为，打破暴力循环，建设持久和平。

活动园

对校园暴力说“不”

校园中也可能存在暴力现象。想一想：你遇到过下面这些暴力现象吗？如果你想消除它们，请在旁边的圈里画个“×”吧！

侮辱 ◯　　谩骂 ◯　　威胁 ◯

争吵 ◯　　贴标签 ◯　　嘲讽 ◯

鄙视 ◯　　践踏草坪 ◯　　殴打 ◯

第三种力量

解决问题时，有人会选择逃避，有人会使用暴力，还有人会倡导第三种力量——非暴力。非暴力是实现和平的重要方式，能避免暴力冲突。

什么是非暴力？非暴力是指放弃一切暴力行为和动机，主张通过教育、对话与集体行动来唤起人和社会的道德意识，而不是通过威胁和暴力来达到目的，从而实现冲突转化，推动社会变革，构建积极和平。

非暴力存在于我们的日常生活中，能营造和平、合作和公正的社会环境，表现形式多种多样。

> 甘地相信非暴力是人类最伟大的力量——比任何武器都更强大。让我们携起手来，建立支持这一崇高愿景的制度。
>
> ——联合国秘书长古特雷斯

知识窗

国际非暴力日

你知道“国际非暴力日”吗？它在10月2日，这一天也是甘地的生日。甘地是非暴力思想的倡导者，是印度民族解放运动的领导人，被尊称为“圣雄”。为了纪念甘地，联合国设立了这个节日，希望人类大家庭能携手建立和平、宽容、理解和非暴力的文化，帮助制止暴力，使人类不仅能结束战争，而且能最终远离战争。

成为“和平小使者”

选择你喜欢的方式（日记、绘画或小视频等），记录你身边的和平行动，成为“和平小使者”，助力营造和平文化氛围。在班级举办每月“和平分享会”，展示并分享这些记录，与同学们共同成长与进步。

第2课

学会冲突转化

故事导航

多多和乐乐紧盯着一个橘子，争得面红耳赤，谁也不肯让步。

无奈之下，他们一同找到奶奶，希望奶奶能评判该如何分这个橘子。奶奶在了解情况后，并没有马上决定怎么分橘子，而是耐心询问他们为什么想要这个橘子。

多多充满期待地说：“我想把橘子皮做成芳香解腻的橘皮茶。”乐乐坚定地说：“我想用橘子肉榨果汁喝。”奶奶听了，不禁微笑着说：“孩子们，我建议你们把这个橘子小心地剥开，多多拿走橘子皮，乐乐拿走橘子肉。这样，你们就各取所需啦！”

两个孩子听了奶奶的话后，都如愿以偿地得到了自己想要的东西，一场冲突也得以化解。

日常生活中，你遇到过这样的冲突吗？

为什么会产生冲突？我们要如何化解它？

冲突的产生

日常生活中，你是不是会听到“语言冲突”“肢体冲突”“利益冲突”“国际冲突”这样的表述？这些都是不同类型的冲突。

那么，什么是冲突？冲突是一种对立或矛盾的状态。它寻常可见，是我们生活的一部分。世界上每天都在发生冲突，如个人间的争斗、邻里间的纠纷、国家间的战争等，形式多样，规模不同。

产生冲突的原因很多，如意见分歧、利益较量、关系破裂、恶性竞争等，这些都会激化矛盾。冲突的核心是冲突双方的需求矛盾，不同的需求无法被满足或者自我需求受到威胁时，就会引发冲突。

放大镜

发生冲突时，我们一般想要击败对方。对方也会有同样的想法，并采用同样的方式，于是出现了破坏性冲突。对于冲突双方A和B来说，无论哪种冲突，都可能产生以下四种结果。

结果	A	B
1	赢	输
2	输	赢
3	输	输
4	赢	赢

积极看待冲突

冲突是人类发展中的自然现象，不可避免，也不可能被彻底消除。全球化时代，人类的交往更为密切，我们不得不面对各种冲突，所以要学习如何在冲突中生活，学会冲突转化。

冲突转化是以积极的态度看待冲突，不是把它视作威胁，而是将它看成变革动力，认识到冲突能带来积极变化，促进我们的成长。通过冲突，我们能增进对自己、他人和社会的理解，能重新认识这些关系，结束敌对和暴力循环，建立起更加健康公平的关系，从而实现积极和平状态。

冲突转化，就是努力改变引发冲突的基础和结构，维护冲突各方之间的良性关系，以达到冲突化解的目的。

活动园

推掌游戏

游戏准备

分组：将参与者分成两人一组，面对面站立，双方手掌相对，保持一定距离。

游戏规则

1. 参与者开始推掌，随着游戏的进行，逐渐加大力度和速度，模拟冲突中的紧张气氛。
2. 在游戏过程中，参与者可以观察到对方的反应和变化，感受冲突中的对抗和紧张。
3. 当一方感到无法再推起或失去平衡时，游戏暂停，双方交换角色继续游戏。

处理人际冲突

虽然冲突是人际关系中的正常现象，但是会打破人与人之间的融洽关系，所以我们需要学会处理人际冲突。人际冲突可分为言语冲突和肢体冲突，肢体冲突往往由言语冲突引发。

冲突一般会经历以下过程：

矛盾产生 → 争执不休 → 冲突升级

冲突发生时，人们会冷战、说气话、相互指责等。这些行为不仅伤害彼此，而且会激化矛盾，使冲突升级。这样的沟通方式被称为“暴力沟通”。暴力沟通不仅无法解决问题，还会使问题变得更加复杂和难以解决，从而对冲突双方都造成心理伤害。

冲突如果得不到转化，就会升级。与你有分歧的朋友、同学或邻居，就会变成你的对手乃至敌人，你们的关系就会变得紧张甚至敌对。当双方发生冲突，发现自己难以处理时，可邀请第三方介入，帮助解决争端。我们要学会冲突转化的方法，学习合作，理解他人，让校园洋溢温暖友好的氛围。

知识窗

黑猩猩的秘密

你知道吗？冲突不只是在人与人之间发生，动物之间也会发生。

珍·古道尔是英国的生物学家，从小就特别喜欢观察动物。长大后，她获得了前往非洲丛林观察黑猩猩的工作。此后，她来到坦桑尼亚西北部的贡贝，长期生活于此。为了追踪黑猩猩和随时记录下它们的行为，她不仅要跋山涉水，还要风餐露宿。她的记录与研究揭开了许多黑猩猩的秘密，比如，黑猩猩能制作和使用工具来获取食物；黑猩猩有社群结构，会爆发群体冲突，甚至会在冲突中使用武器。

这些记录带给世界极大震撼，也引发了人类对黑猩猩的保护。

非暴力沟通

冲突会产生不同影响，有消极影响，也有积极影响，这取决于应对冲突的方式。面对冲突，一般有三种应对方式：第一种是忽视冲突，第二种是使用暴力，第三种是采取非暴力方式。我们通常采用第三种方式来解决问题。

面对冲突时，首先要积极看待冲突，这是一种重要心态；其次要保持冷静和理智，不要让情绪影响自己的判断和行为；最后要尊重并理解他人的经历，学会以非暴力沟通的方式彼此倾听、善意表达。

非暴力沟通是一种旨在促进人们情意相通、和谐相处、互尊互爱的沟通方式，由美国心理学家马歇尔·卢森堡提出。它分为以下四个步骤：

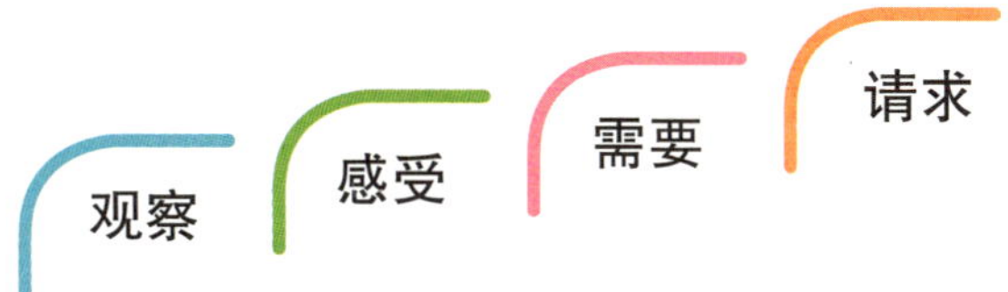

习惯树

下面是非暴力沟通的具体提示、正确表达与错误表达示例，请仔细阅读表格内容，学会非暴力沟通的表达方法。

要点	观察	感受	需要	请求
具体提示	只说自己所见，尽量不要评论	只说自己内心感受，不要表达更多想法	体会自己的感受和需要，体会他人的感受和需要	请求应具体、正向，不能抽象、负向
正确表达	过去的五场比赛中，小明没进一个球。	你要离开，我很难过。	朋友给我起外号，我会感到难过，因为我想被欣赏。	进我的房间前，请先敲门好吗？
错误表达	小明是个差劲的前锋。	你要离开，我觉得你不在乎我。	朋友给我起外号，让我很难过。	我希望你尊重我的个人隐私。

试试非暴力沟通

生活中，你与家人、同学、老师等沟通时，有没有谁说过的哪句话引发了你们之间的冲突？请把那句话写在下面的横线上。学习了非暴力沟通的方法后，你又会和对方怎么说呢？

引发冲突的话：

____

现在，我可以这样说：

____

第3课

寻求内心和平

故事导航

2019年世界军人运动会的射箭赛场，格外引人瞩目。这里，有一位坐着轮椅参赛的选手，目光敏锐，沉稳坚毅，他就是罗伯托·蓬佐。

蓬佐是一名意大利军人，曾是飞行员。2006年，他在执行联合国维和任务时，不幸遭遇严重爆炸，失去了行走能力。身体的创伤让蓬佐陷入绝望，他对未来失去了信心。后来，运动改变了蓬佐。他开始尝试射箭、羽毛球等运动。起初，他只是为了身体康复。渐渐地，他发现这些运动还能抚慰心灵。他在接受采访时说："我至今都记得自己第一次坐在轮椅上拿着羽毛球拍接住球的那一刻。我当时笑了，笑得很开心，我的家人都看见了我的笑容。"

通过体育运动，蓬佐学会了与自己和解。他不再抗拒身体的残疾，而是开始接受并拥抱它。这种内心的转变，让他的生活重新焕发了光彩。蓬佐重拾自信，在多个国际体育赛事中取得佳绩。

面对身体的创伤，蓬佐是怎么做的？

从蓬佐身上，你学到了什么？

学会自我认知

什么是自我认知？它是指我们对自己身心状况、特点、能力、价值观等方面的认识和了解。它对个人的成长和发展至关重要。当你笑容满面时，它会告诉你："看，你现在很高兴。"当你眉头紧锁时，它会提醒你："你现在有点忧伤。"自我认知就像一位小侦探，能带你探索自己的内心世界。

自我认知是一个动态的过程，不会一成不变，而是在变化中不断发展的。比如，你一开始觉得数学很难，但经过努力，你解出了一道难题，那种成就感会让你突然发现，原来自己也可以做得很好。这种从“我不行”到“我可以”的转变，就是自我认知在变化和发展。

正确的自我认知是寻求内心和平的基石。它可以帮助我们全面认识自己，了解自己的优点和不足，尝试接纳真实多元的自我。当我们做到了这些时，就能更好地面对困难和挑战，实现内心和平。

知识窗

周哈里窗

心理学上有一种自我认知模式，叫“周哈里窗”。它将人的内心比作一扇四格之窗：开放我、盲目我、隐藏我和未知我。通过这扇窗，我们可以形成更加全面的自我认知。

自己知道

别人知道 ←→ 别人不知道

自己不知道

开放我	隐藏我
人可以外显的部分，如相貌、性别、职业、爱好、性格等，是了解与评价自我的基础。	个人内心的隐私，如个人的秘密、缺点、往事、欲望等。
盲目我	**未知我**
潜意识层面的行为特征，如他人的评价、不经意的动作或习惯等。	潜在的能力或特性，如通过学习或培训获得技能与知识等。

活动园

你了解自己吗？快来通过下列活动，完善属于自己的“周哈里窗”吧！

活动一：展示开放我/隐藏我

请你用绘画、文字等形式绘制一张名片。

如果可以，请将自己内心的隐私展现出来哦！

我的名片

活动二：遇见盲目我

选择至少三个与自己亲近的人，如家人、朋友或老师，采访他们，问问他们眼中的你是怎样的，并做好记录。比如，可以询问下面这些问题：

在日常生活中，您有没有注意到我有哪些特别的行为或小习惯？

您觉得我是一个怎样的人？

您觉得我的闪光点有哪些？

您觉得我有哪些不足之处？

……

活动三：探索未知我

想发现自己的潜能或特性吗？思考一个自己想尝试的领域，并阅读相关书籍、参加培训等。过一段时间后，再来看看自己能否掌握这个领域的技能或知识。

我想尝试的领域是 ______________________________

应对心理冲突

自我认知过程中，你可能会产生一种矛盾的心态，这就是心理冲突。它是一种常见的心理现象，比如，期末考试来临前，我们既想专心复习迎考，又想参加热爱的体育活动。这时你的内心就会紧张，不想放弃任何一方，但又难以两全其美。

心理冲突常常会让我们左右为难，甚至有些焦虑，不知道该如何抉择。

心理冲突有以下三种类型。

双趋冲突	人必须在两个具有吸引力的选项中做出选择。比如，是选水果蛋糕还是选巧克力蛋糕
双避冲突	人必须在两个不具有吸引力的选项中做出选择。比如，生病了，既不想吃药，也不想打针。虽然两种都不想选，但是只能避开一种、选择一种
趋避冲突	极度贫困、不公、压迫、歧视等现象

怎样面对心理冲突呢？我们可以采取一些积极的应对策略。

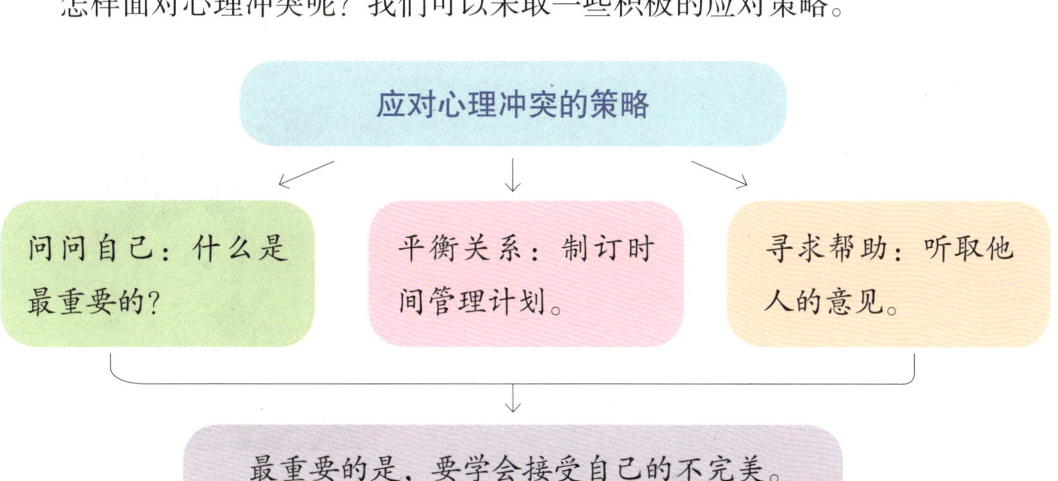

自我认知的过程中，心理冲突不可避免，压力过大、期望过高等都会导致心理冲突。它会影响我们的情绪、行为和心理健康。我们可以通过反思、自我探索、寻求社会支持或专业咨询等方式，不断提升自我认知水平，应对和转化心理冲突，从而更加健康、积极地面对生活。

放大镜

下面两位同学遇到了烦恼，你有什么建议能帮助他们解决吗？

小明对学校的科技和武术社团都很感兴趣，但由于时间冲突，他只能参加其中一个，于是很苦恼。

你的建议

小红将代表班级参加学校的演讲比赛。对此，她既感到很兴奋，觉得这是一个自我展示的机会；但又很害怕，担心表现不好，会给班级丢脸。

你的建议

寻求深层平静

追求内心和平，不只是止步于转化心理冲突，更是为了获得一种持久的内心安宁。在这个过程中，我们难免会遇到一些困难，内心会产生不安与混乱，有时甚至会躲在角落里，对周围的一切都提不起兴趣。然而，正是这些时刻，给予了我们成长的契机。我们可以通过多种方法，来帮助自己实现内心的和平与安宁。

追求内心和平是一场漫长的旅程。我们需要有足够的耐心，慢慢发现旅途中的美好；需要鼓起勇气，克服遇到的每一个挑战；更需要坚持不懈，直至找到让内心宁静的宝藏。只有这样，我们才能铸就一颗情绪稳定、充满阳光的心灵。

习惯树

在生活中，你有过情绪不稳定、内心很焦虑的时候吗？其实，有很多方法可以帮助我们缓解压力，释放消极情绪，实现内心和平。比如，可以选择你喜欢的运动项目，坚持运动，让身心在运动中得到放松。

运动一下

生命在于运动。每天可以选择类似下面的运动项目进行锻炼，你会感受到身心更放松。

1. 纵跳摸高10次
2. 3分钟跳绳
3. 团身跳10次
4. 座位体前屈50个
5. 卷腹30次
6. 原地高抬腿跑30个

……

第4课

积极修复关系

故事导航

1974年，加拿大基切纳市，两个年轻人喝醉后在街上破坏他人财物，实施犯罪行为。法院对这两人进行了审判，责令他们向受害者赔礼道歉，赔偿所有损失，并判处两人缓刑，让他们有机会改过自新。

缓刑官与志愿者决定帮助这两人更好地走出困境。在获得法院批准后，两人与受害者进行了一场特别的对话。通过受害者的陈述，两人深刻认识到自己的行为带给别人的伤害和痛苦。他们承认了自己的罪行，表达了深深悔意，交清了全部赔偿金。经过这次交流，受害者感受到了他们痛改前非的诚意，与他们达成和解。

这是世界上第一个修复性正义的案例，为后来的司法改革和冲突转化提供了新方法。这两个年轻人中，有一个名叫凯利。此后，他再也没有犯罪，还积极参加与修复性正义有关的活动，并在2006年出版了《从坏小子到学者》一书，分享了自己的成长故事。

为什么缓刑官与志愿者要让这两人与受害者对话？

为什么这两人能与受害者达成和解？

重视关系的修复

每个人都有独特的观点和需求，这让我们在和他人相处时会遇到很多不同的情况，甚至发生争执，破坏我们之间的关系。遇到这样的问题，我们不应该逃避，而应该努力寻求解决办法，积极修复关系，实现和谐共处。

修复性正义

修复性正义是一种帮助我们修复关系的有效方法。它鼓励我们共同面对各自的伤害、需求和义务，通过真诚的对话和理解，纠正错误，治愈创伤，修复关系。

修复性正义与法律代表的司法正义不同。它是以受害者与加害者的需求为核心，不是对加害者进行惩罚，而是通过共同努力，尽量满足各方需求，修复被破坏了的关系，建立一个和平的共同体。

放大镜

高铁站内，一名男子正在排长队过安检，内心有点儿焦躁。这时，他看到一个陌生人走过来，突然插到队伍前面。这名男子非常生气，走到这个插队的人身旁，要求他遵守规则，到后面排队。谁知，这个陌生人大声说：“不，我快要晚点了，我就要站在这里！”这名男子忍无可忍，一怒之下打了陌生人。

试着分析一下上述冲突中双方的需求，分小组讨论与交流。

人物	需求
男子	
陌生人	

修复性正义的核心原则在于发现并纠正错误，从而弥补由此造成的伤害。为了实现这一目标，它提出了四个基本要素：一是关注伤害和需求；二是强调加害者的义务和责任；三是促进利益相关者的参与；四是使用包容与合作的流程。它犹如一朵灿烂的正义之花，滋养与修复着受损的关系。

1 关注伤害和需求

深入理解并回应受害者以及相关群体的情感和实际需求。

2 强调加害者的义务和责任

确保加害者认识到自己的错误并采取相应行动来弥补所造成的伤害。

3 促进利益相关者的参与

确保各方在修复关系的过程中都能发声，共同确定解决方案。

4 使用包容与合作的流程

创造一个安全、尊重的环境，促进各方之间的有效沟通和合作。

修复关系的过程

在修复关系的过程中，要保持耐心，设身处地去理解对方的立场和感受，并采用一些有效的策略，如道歉、赔偿等，改正自己的错误行为。我们只有真诚地努力，才能慢慢修复受损的关系，增进彼此的信任与理解。

召开协调会是修复关系的好方法。我们可以召开受害者与加害者会议、家庭团体会议和对话圈会议，每个人自愿参会。这些协调会提供了交流机会，既能让受害者说出心里的伤害，也能让加害者承认错误，双方努力达成和解，共同修复因伤害而破裂的关系。

知识窗

对话圈

对话圈源于加拿大的原住民社区，展示了修复性正义的实践魅力。在会议中，参与者围坐成一个圆圈，通过传递“讲话棒”依次表达自己的观点；轮到的人也可以选择不发言，将“讲话棒”传递给其他人。讨论的话题涵盖社区中引发犯罪的情况、伤害事件背后的需求、社区可能承担的责任等。通常会有“圈子守护者”作为协调者参与其中，确保会议顺利进行。

活动园

明明和佳佳是同班同学。明明经常给佳佳取外号，这让佳佳很受伤害。佳佳多次要求明明停止给自己取外号，但明明就是不听。有一次，佳佳忍无可忍，生气地将手中的果汁扔了过去。结果，果汁洒了明明一身。

班主任打算就此事召开一次对话圈会议，想一想：每个参会的人会说些什么？每四人一小组，其中三人分别扮演明明、佳佳和班主任，还有一人作为观察员。观察员在下面的表格中记录下每个人的发言内容，并写下自己的观察感受。

人物	发言内容/观察感受
明明	
佳佳	
班主任	
观察员	

在关系修复中成长

修复性正义是一场参与对话的邀请，让我们放下防备，像好朋友那样聊天，成为彼此成长道路上的支持者和学习伙伴。尽管有时意见不同，甚至有些误会，但我们也要保持良好心态，从每一次交流中汲取智慧，认识多彩世界。

修复性正义能帮助我们成长。它不仅有助于转化冲突，还能让我们学会更好地理解和尊重他人，增强同理心和责任感。这些美好的品质，能让我们更准确地理解彼此的立场与需求，减少误会与冲突。

正义往往不会一蹴而就，需要我们进行持续的对话。有时，我们难以通过修复性正义立即实现目标，但它仍像一座灯塔，为我们指明前进方向，给予我们勇气与力量。我们要在复杂多变的社会环境中保持正确航向，向着更加公正的目标前行，让我们的生活更加和谐与美好。

修复小侦探

在接下来的一周里，你将成为一名修复小侦探，需要发现并记录那些帮助我们修复关系、解决问题的美好瞬间（如家人间的和解、同学间的误会消除、邻里间的帮扶等）。

日期	事件描述	涉及人物	角色	修复行为	你的感受

填写说明：

1. 日期：记录你观察到修复性正义实例的日期。
2. 事件描述：简要描述事件的起因、经过和结果。
3. 涉及人物：列出事件中涉及的主要人物。
4. 角色：描述每个人物在事件中的角色，如受害者、加害者、调解者等。
5. 修复行为：记录采取了哪些修复性措施，如道歉、沟通、补偿等。
6. 你的感受：写下你对某个事件或所有事件的感受和思考，比如，为什么这些行为是修复性的？它们如何促进了关系的改善？

第5课

珍爱保护生命

故事导航

张海迪是一位勇敢而坚强的中国女性，虽饱受病痛的折磨，却活出了生命的意义。她的故事，充满感动与力量，激励着一代又一代人。

五岁那年，张海迪不幸患病，从此与轮椅相伴。面对生活的艰辛与磨难，她没有向命运屈服，而是以顽强的毅力与疾病做斗争，珍爱生命，积极面对未来。她热爱学习，渴望求知，在家自学，阅读了大量书籍。后来，她跟随父母来到一个贫穷的小村庄。在那里，她教孩子们读书、唱歌，鼓励他们珍爱生命，勇于面对各种人生挑战。她学习了四种外语，翻译和出版了许多有影响力的作品，点燃了无数人对生活的希望和对梦想的追求。

张海迪的脸上总是洋溢着自信的笑容，她让有限的生命发挥了无限的力量。

面对生活的艰辛与磨难，张海迪是怎样做的？

你觉得生命的意义是什么？

认识宝贵的生命

生命的诞生，如同宇宙中万里挑一的璀璨星辰，是偶然的奇迹；生命的旅程，则是一段奇妙且无比珍贵的体验。在这条路上，我们每个人都在不断探索和发现，在有限的时间里寻找属于自己的价值和意义。

人生最宝贵的是生命，生命属于人只有一次。每个生命都是独一无二的，有着它自己的使命和意义。然而生命也很脆弱。面对自然之力、疾病侵扰，它有时显得如此渺小。每一次呼吸，都是对存在的珍视；每一刻心跳，都是对生命的颂歌。让我们珍惜生命，用心感受生活的点点滴滴，用行动去诠释生命的意义。

世界上只有一种英雄主义，那就是了解生命而且热爱生命。

——罗曼·罗兰

活动园

珍爱生命，我们应该为自己负责，认真走好每一步，在有限的时间里活出最好的自己。请你按照时间顺序，在下面的生命线上写出三件以上让你印象深刻的事，并标记上你当时的感受（如开心、幸福、安心等）。表示积极情绪时箭头朝上，箭头的长度和宽度代表了情绪的程度。

让我们绽放生命最美丽的色彩吧！

向上的生命线
（积极的感受）

放大镜

种下希望，值得等待

你对未来有哪些期待？你的未来可能会遇到哪些困难？

想要实现对未来的期待，现在的你需要做些什么？

1 ____________________

2 ____________________

3 ____________________

积极保护生命

保护生命，贯穿于我们每个人的责任与行动中。

首先，保护自己的生命。我们应珍惜每一刻，树立安全意识，远离潜在危险，学习应对突发安全事件，追求健康的生活方式，让生命之树茁壮成长，绽放璀璨光芒。

其次，尊重他人的生命。我们要以善良之心待人，尊重每个人的独特性和权利，避免歧视与偏见。通过倾听、理解和支持，共同营造和谐的社会氛围，让每个人都能感受到生命的尊严与价值。

再次，保护地球上的其他生命。动植物是地球生态系统的重要组成部分，它们的生存状况直接影响生态平衡和生物多样性。面对人类活动带来的威胁，我们应积极行动，从小事做起，保护大自然。

最后，在科技高速发展的今天，我们要合理看待科技与生命的关系。任何生命都是宝贵的，科技应该尊重生命。科技不能凌驾于道德之上，它对人类福祉负有责任。我们不能滥用科技。

活动园

生活中常见的安全事件

面对以下突发安全事件，你知道哪些自救方法？请写一写。

火灾	溺水	地震
1. 冷静观察着火点	1. ______	1. ______
2. 迅速逃生	2. ______	2. ______
3. ______	3. ______	3. ______
4. ______	4. ______	4. ______

养护生命的精神家园

我们生活在这个多彩世界，除了要让身体健康，还要让心灵充满阳光，积极守护生命的精神家园。

精神面貌就像镜子，能照出我们的生命状态。守护生命，就像照顾小树，我们不仅要给它浇水施肥，更要用心呵护它。

我们的生命之树，植根于中华文明的沃土。优秀的传统文化，不断滋养着我们的心灵。我们要心向光明，发现生活中的真善美，养护生命的精神家园。

知识窗

心理学家马斯洛指出，人类的基本需求从低到高可分为五个层次：生理需求（食物、空气等）、安全需求（人身安全、健康保障等）、社交需求（爱、友谊、被他人接受等）、尊重需求（自尊、被尊重）和自我实现需求（发挥潜能、实现理想）。

自我实现需求
尊重需求
社交需求
安全需求
生理需求

习惯树

寻求突破，超越自我。请在下面的横线上填一填，思考与总结一下，看看自己在哪些方面取得了进步与发展。

进步的我

以前，我不会________ → 现在，我学会了________

以前，我不能________ → 现在，我能够________

以前，我不敢________ → 现在，我敢于________

以前，我害怕________ → 现在，我不怕________

以前，我________ → 现在，我________

第6课

我们命运与共

故事导航

莱茵河被誉为“欧洲的母亲河”，全长1320公里，流经9个国家，自古以来就是欧洲最繁忙的水上通道。

1986年11月1日，瑞士巴塞尔附近的一个化学品仓库发生火灾。救火过程中，被污染的消防水直接流入了莱茵河。这些污水中含有硫、磷、汞等有毒物质，形成了约70公里长的污染带，造成大量鱼类死亡，周边居民生活受到极大影响。没多久，污染向下游蔓延，波及瑞士、德国、法国、荷兰四国的沿岸城市。这些城市不得不关闭了相关自来水厂，改用汽车运输，向居民定量供水。

莱茵河污染事件发生后，上述四国紧急开会，加强了国际合作，共同应对污染问题。莱茵河的生态逐渐恢复，重现了迷人风光。

这些国家为什么要共同应对莱茵河污染事件呢？

随着全球化的深入，类似这样的跨国问题可能会越来越多，我们要如何共同守护地球家园呢？

个人与社会紧密相连

个人与社会紧密相连，相互依存。

经济： 个人的职业选择、工作表现、消费习惯等，都直接参与并影响着社会发展。同时，社会发展也深刻影响着个人的经济状况和生活水平。

文化： 个人的思想和行为等，都是在社会文化的熏陶下形成的。同时，个人的文化创造又不断丰富和发展着社会文化。社会的核心价值观、道德规范、风俗习惯等，也对个人有着引导和约束作用。

社会交往： 个人通过家庭、学校、社区等，与他人建立起联系和互动。这些社会交往满足了我们情感、信息和物质上的需求。同时，社会交往中的信任、合作、竞争等关系，也影响着个人的心理和行为。

国家与国家休戚相关

环视全球，国家与国家之间的相互依存日益加深。

政治： 国家安全是国家生存和发展的基石。这种国家安全也是相互关联的。恐怖主义、跨国犯罪、网络攻击、地区冲突等安全威胁，需要国际社会共同应对。国家之间的合作与协调，对维护地区乃至全球的安全稳定非常重要。

经济： 在全球经济一体化的今天，各国经济相互依存，国际贸易、投资、金融活动频繁，形成了复杂的全球经济网。一个国家的经济发展状况、政策调整、市场波动等，都会影响其他国家。

文化： 国家之间的文化交流日益频繁，促进了文化多样性的发展和全球文化的繁荣。通过对话、交流与合作，国家之间能增进理解和尊重，共同推动人类文明的发展。

放大镜

国际空间站

你听说过国际空间站吗？它是一个多国合作的太空实验室，体现了不同国家在太空探索领域的紧密合作。

它由16个国家共同建造、运行和使用，是有史以来规模最大、耗时最长、涉及国家最多的空间国际合作项目。各个国家根据自身优势和专长，对国际空间站的建设和运营做出了重要贡献。

国际空间站的合作取得了丰硕的科学成果，推动了太空科学的突破和进展，也促进了各国之间的合作和友谊，为人类的太空探索事业做出了重要贡献。

你还知道哪些国际合作项目？请和大家分享一下。听了其他人的分享后，记录下你的感受。

你还知道 ____________________

你的感受 ____________________

可持续发展，我们在行动

2015年9月，联合国可持续发展峰会通过了2030年可持续发展议程。它涵盖了17个可持续发展目标，涉及社会、经济和环境等多个方面，旨在各国携手，到2030年消除贫困、促进平等和应对气候变化等，保护地球资源，推动建设和平发展、互利合作、共同繁荣的世界。

实现可持续发展目标需要每个人的努力。对此，你有过哪些行动？请在下面的表格中写一写，并根据自己的实际情况打“√”。

我的行动	偶尔	一般	经常	总是
随手关闭水龙头				
随手关灯				
适量取餐，不浪费食物				

人类与科技共赴未来

伴随数字技术与人工智能的飞速发展，人类社会正在经历前所未有的变革，人类与科技之间的关系更加紧密。

科技给人类带来风险和挑战，我们需要共同努力，制定相应的政策和法规，确保科技应用能够造福人类，而不是带来伤害；各国应肩负起全球责任，确保科技发展遵循人类的共同价值观，尊重个人隐私，保障数据安全。通过人机协作，缔造更加智慧、和谐与美好的未来。

我们也需要普及数字技术与人工智能，让所有人都能平等地享受到科技进步带来的福祉。这既是对人类共同未来的责任担当，也是实现全球可持续发展的重要基石。

知识窗

2024年，联合国教科文组织推出了《面向学生的人工智能能力框架》，强调了学生的四个方面的核心能力：

1. **以人为本的思维。**学生应学会评估人工智能的设计和应用是否符合人类的需求和价值观，确保人工智能的发展不会削弱人类的自主性和决策能力。
2. **人工智能伦理。**学生需学习人工智能的相关伦理原则，确保技术的发展方向与社会价值观相一致。
3. **人工智能技术和应用。**学生需获得关于人工智能的基础知识和技能，通过实践活动，加深对人工智能技术的理解。
4. **人工智能系统设计。**学生需学习如何识别和定义问题、设计解决方案，并通过人工智能技术来实现这些解决方案。

活动园

在班级开展一次模拟联合国活动。

一、活动主题

小小外交官——探索AI的奇妙世界与共享未来

二、活动背景

AI（人工智能）正在改变我们的生活，从智能语音助手到自动驾驶汽车，它无处不在，让未来充满了无限可能。本次活动，我们将以“外交官”的身份去探索AI的奥秘，并思考：如何在未来与AI共享和谐世界？

三、活动目标

1. 激发兴趣：通过趣味性活动，激发对AI技术的兴趣和好奇心。
2. 增长知识：了解AI的基本概念、应用领域以及它如何影响我们的生活。
3. 培养思维：思考AI带来的挑战与机遇，培养创新思维和解决问题的能力。
4. 增强责任感：意识到作为未来社会的一员，我们有责任关注并参与AI技术的发展与治理。

四、活动准备

1. 分配国家与角色：先确定活动主席，随后其他同学通过分配、抽签或自由选择的方式确定各自所代表的国家。
2. 准备材料：每位同学需要研究自己所代表国家的立场、政策以及与议题相关的背景知识，准备立场文件、工作文件或决议草案等会议文件。

五、活动流程

1. 点名：会议开始前，主席按照国家名单的顺序进行点名，以确保所有代表都已到场，并计算出席人数是否达到法定人数。被点到的国家代表须高举国家牌并回答“出席”。
2. 开幕式：全体成员起立、奏唱联合国会歌、主席致开幕辞。
3. 正式发言：按照事先确定的发言名单顺序，各国代表依次就议题进行发言。发言内容须围绕议题展开，并遵守会议规定的发言时间和规则。
4. 自由磋商：代表可以在规定时间内自由离席交流，与他国代表交换意见，讨论各自认为重要的问题。
5. 投票表决：在交流结束后，会议进入投票阶段。主席按国家首字母顺序点名，被点到的国家代表须高举国家牌并回答“赞成”“反对”或“弃权”。
6. 闭幕式：主席致闭幕辞，宣布会议成果。

我是小小外交官

尊敬的主席、各国代表：

我谨代表 ________ 政府陈述我国对“探索AI的奇妙世界与共享未来”的建议。

1. ______________________________

2. ______________________________

3. ______________________________

……

第7课

男女各美其美

故事导航

开学第一天，班主任王老师走进教室。她笑着说道：“这学期，同学们自己选同桌！”顿时，教室里炸开了锅。不一会儿，人人都选到了自己的同桌。

王老师环顾四周，问道：“请你们看一看周围，有什么发现？”同学们窃窃私语：“都是男生和男生坐，女生和女生坐。”王老师听后，意味深长地继续问道：“大家有没有思考过为什么会这样呢？”

男生和女生有什么区别？

男生和女生可以成为好朋友吗？

各美其美

人们常说“男女有别”，因为性别基因和后天环境的影响，男生和女生在身体特征、兴趣爱好、思维方式等方面都存在着差异。

科学研究表明，在婴儿时期，男婴对疼痛的敏感性低于女婴，男婴比女婴更容易兴奋，而女婴的生物钟则比男婴更准确。进入幼儿期，男孩的攻击性比女孩强，而女孩的语言发展比男孩占优势。进入学龄期，男生在人格的外倾性和倔强性指标上的得分高于女生，在情绪稳定性和掩饰性指标上的得分则低于女生。

这些差异没有优劣之分，塑造了男女各自的独特魅力，构成了人类社会的多样性，我们应该珍视这种差异之美。

活动园

扳手腕

1.男女生各派1人，右手屈肘置于桌面，左手握拳置于身后。
2.裁判发令，一方将对方的手背扳倒在桌面即获胜。

比长短

1.男女生各自组队，每队3人。
2.每队人员脚碰脚地连接起来，丈量长短。

写一写：课堂上和课间时，男生和女生的表现有哪些差别？

男生 ______________________________

女生 ______________________________

放大镜

种下希望，值得等待

每年，我们都会在体育课上进行身体素质测试，下表列出了小学六年级男生和女生的达标标准。想一想：两者有什么差别？为什么会存在这样的差别？

肺活量		50米跑		坐位体前屈		1分钟跳绳		仰卧起坐		耐力跑	
男生	女生	男生	女生	男生	女生	男生	女生	男生	女生	男生	女生
2400ml	2010ml	8.8"	9.2"	7.7cm	11.8cm	128个	129个	37个	37个	1' 45"	1'52"

习惯树

当我们用欣赏的眼光去看待男生和女生之间的差异时，我们就会发现彼此都有很多优点。

请为你的同桌写一张点赞卡，真诚地为他（她）的优点点赞吧！当我们学会相互取长补短，就能演奏出更加优美、和谐的生活乐章。

点赞卡

________ 同学：

我发现你 ________________

____

我为你点赞！

你的同桌：____________

年　　月　　日

美美与共

当今社会，性别平等已成为全球共识。男女“美美与共”有助于消除性别歧视和偏见，能促进男女双方在各个领域内的平等参与和共同发展。只有男女双方都能充分发挥自己的优势，才能实现社会的全面进步与和谐发展。

一个人往往需要具备多种素质和能力，才有可能取得成就。男女双方各自拥有不同的优势和特长，通过相互学习、相互借鉴，可以取长补短，实现优势互补。这种合作与交流，对个人的成长具有重要推动作用。

知识窗

磁铁效应

俗话说："男女搭配，干活不累。"异性接触时，会产生一种特殊的相互吸引力和激发力，通常会对个体的活动和学习起到积极作用，这种现象被称为"异性效应"，也叫"磁铁效应"，同性相斥，异性相吸。日常生活中，我们可以运用异性效应来提高办事效率。

放大镜

在你的家庭中，男性和女性各自承担着哪些任务呢？你认为这样的分工合理吗？如果不合理，你能提出一些优化建议吗？

家庭成员	承担的家庭任务	是否合理
你的发现或建议		

活动园

你会不会有这样一种印象：护士基本上是女性，快递员基本上是男性？事实真的如此吗？请你选择感兴趣的一种职业，做一个关于从业者性别的小调查。

职业	调查地点	总人数	男性人数	女性人数
你的发现				

习惯树

请你根据本班男女生各自的优势，合理分配下列任务，并写一写你这样分配的理由。

性别	任务	理由
男生		
女生		
男女生合作		

第8课

突破刻板印象

故事导航

2015年，喀山世界游泳锦标赛首次设立了花样游泳混合双人项目。美国队由男选手比尔·梅和女选手蒂娜·琼斯组合参加该项目，并获得冠军。比尔·梅成为首位花样游泳男子世界冠军。

比尔·梅的夺冠之路并不容易。他10岁那年就爱上了花样游泳，却遭到别人的不解和嘲笑，许多国际比赛也将他拒之门外，因为在大家的印象中花样游泳是由女性垄断的“水上芭蕾”。但是，比尔·梅认为：“花样游泳展示的是一种精神，男选手从事花样游泳并不奇怪。”在追求梦想的道路上，他不懈努力，终于用行动突破了人们的刻板印象，向大家证明男选手同样可以推动花样游泳的发展。

为什么很多人认为花样游泳项目不适合男选手参加？

想一想，生活中还有哪些类似的刻板印象？

什么是刻板印象？

刻板印象是指人们对某一类人或事物产生的比较固定、概括而笼统的看法，并把这种看法推而广之，认为这类人或事物都具有这种特征。比如，认为男孩应该比女孩更独立，是对性别特征的刻板印象；认为瘦的人弱不禁风，是对外貌特征的刻板印象。

活动园

在我们的生活中，刻板印象并不罕见，但我们时常难以发现。请你从姓名、外表、玩具、职业四个方面，写出对男生、女生的印象，看看大家写下的内容，你有什么发现？

	男生	女生
姓名 （写出男生、女生名字中出现的高频字）		
外表 （分别用一个词来表达你对男生、女生外表的印象）		
玩具 （写出男生、女生最喜欢的玩具）		
职业 （写出男生、女生适合的职业）		

你的发现

我们需要突破刻板印象，拓宽视野，交流互动，亲身体验，从而客观分析，科学推理。

拓宽视野

知识如浩瀚海洋般无边无际，我们对世界的观察和认知难以做到全知全会，或是保持绝对客观。当我们在有限的知识和信息基础上得出结论时，往往会不够准确和全面，从而形成对人或事物的刻板印象。

我们应主动拓宽视野，从书刊、纪录片、社交媒体等多种途径学习新知识和新技能；学会对所获信息进行多角度的深入思考，培养批判性思维能力，不盲目接受人们的固有观念或刻板印象，以开阔而公正的视野看待世界。

交流互动

我们还应打破人与人之间的隔阂，增进交流互动。人的生活环境和生活方式会千差万别，而刻板印象时常会让我们对某些人或事物形成片面固定的观念，比如，湖南人爱吃辣，小姑娘喜欢粉红色，老年人爱跳广场舞。这些概括而笼统的看法，会让我们忽视个体差异。

增进交流互动，有助于我们打破人与人之间的隔阂，深入了解彼此。不同的人，有不同的经历、背景和价值观。通过交流互动，我们能接触到多样化的人群和多元的观点。当我们与他人进行深入交流时，就能更好地理解他们的处境和感受。

通过与不同人、不同群体的交流互动，我们可以突破刻板印象，促进理解与尊重，打破偏见与歧视，营造更加和谐、平等、包容的社会氛围。

活动园

我们的小书架

活动目的

男生女生组队，共同制作一个书架。

活动要求

1. 利用提供的材料和工具制作一个书架；
2. 在规定时间内完成，展示劳动成果；
3. 小组成员共同介绍制作过程。

（提示：如何分工？遇到困难时如何克服？对每一个成员在小组活动中的表现进行评价。）

制作过程	
你的评价	

亲身体验

突破刻板印象的关键是亲身体验。只有通过亲身体验，我们才能获得全面认知。这种体验比任何间接信息都更加生动、直接和深刻。

我们可以积极参与各种社团和活动，在体验中保持开放和好奇的心态；包容不同的文化、观念和生活方式；学会反思和审视自己的想法，看看是否存在刻板印象，并及时予以修正；遵从自己的内心，积极突破自己，活出自我，鞭策自己更加优秀。

只有在丰富的体验中感受和思考，才能真正突破自己认知的局限。主动突破刻板印象给自己带来的束缚，做更真实的自己，让世界发展更加和谐与多元。

放大镜

在我们的身边，有很多人在努力突破刻板印象。让我们一起来看看吧！

2001年，江苏省南京市的一所幼儿园迎来了第一位男教师。如今，南京市幼儿园男教师的数量已约500人。为了给低龄孩子营造更全面均衡的成长环境，专家希望，能有更多男性打破偏见，加入幼师行列。

截至2022年，有超过500名人类进入过太空，其中有57人为女性。全球完成太空出舱活动的200多位航天员中，有16位是女性，第16位就是中国的首位“太空教师”王亚平。

2023年诺贝尔生理学或医学奖授予科学家考里科和韦斯曼，以表彰两人在信使核糖核酸（mRNA）研究上的突破性发现。考里科在近40年的科学研究中，没有研究资金和固定实验室，论文屡被拒稿。但是，困难和偏见丝毫没有影响考里科的研究热情与信心。她说：“你必须对自己非常有信心，相信自己会克服所有问题， 总能想出解决方案。”

突破刻板印象

突破刻板印象，需要倾听内心声音，勇于挑战自我。你有没有一些想做却因刻板印象而不敢去做的事？请把它们写下来，鼓励自己去大胆尝试一下，并写下自己的感受吧！

第9课

尊重不同文化

故事导航

2023年12月22日，第78届联合国大会通过决议，将中国的农历新年（春节）确定为联合国假日，展现了中华文明的影响力，有助于促进世界不同文明的交流互鉴。

春节是中国的传统节日，寓意着阖家团圆、辞旧迎新，承载着家庭和睦、社会包容、人与自然和谐共生等全人类的共同价值。世界上有许多国家和地区将春节作为法定节假日，全球约五分之一的人口会庆祝春节。

2024年2月6日，联合国秘书长古特雷斯发表新春致辞，对中国和中国人民坚定支持联合国、多边主义和全球进步表示感谢。他表示，2024年是农历新年获列联合国假日后的首个春节，“只要我们携手共进，就能实现一个可持续、公正与和平的未来”。

你知道世界上还有哪些国家和地区将春节作为法定节假日吗？

联合国还有哪些节假日？让我们一起去了解一下吧！

不同民族和不同文化

全世界共有200多个国家和地区，2500多个民族。不同地域，不同民族，有着各不相同、丰富多彩的文化。

不同民族的文化，不仅是各自民族身份的象征，更是人类共同的精神财富。每一种文化都蕴含着智慧与哲理，它们以语言、艺术、节日、习俗等形式，为人类社会带来了文明的多样性。

对待不同文明，我们需要比天空更宽阔的胸怀。文明如水，润物无声。我们应该推动不同文明相互尊重、和谐共处，让文明交流互鉴成为增进各国人民友谊的桥梁、推动人类社会进步的动力、维护世界和平的纽带。

——习近平

知识窗

多彩的文化

在欧洲，吃西餐时发出声音是一种不礼貌的行为，被认为缺乏内在修养，不尊重同桌人。

在日本，吃拉面时要发出吸溜声。这种行为并非不礼貌，而是日本的一种独特文化，是为了表达尊重、享受和感恩之情。

在北极地区，因纽特人居住在用冰块建造的冰屋里。这种建筑风格独特，有着出色的保温性能，能储藏不少日常食物。

在中国的黄土高原地区，有一种当地特有的窑洞式住宅。这种因地制宜的传统民居，冬暖夏凉，深受当地居民喜爱。

在非洲，服饰色彩斑斓，图案繁复，蕴含着丰富的部落文化与传统象征。非洲人的织造技艺精湛，展现着对美的不懈追求。

在苏格兰，每逢一些庆典，如婚礼、节日活动等，男士就偏爱身穿标志性的“苏格兰格子裙”，以展现其独特的民族风情与庄重身份。

在意大利威尼斯，有150多条运河，那里最具标志性的交通工具是“贡多拉”。这是一种传统的手划船，人们常乘坐它出行或观光。

在亚马孙雨林地区，水路密集。当地居民的主要交通方式，是使用一种传统的独木舟。这种独木舟通常由一整根木头雕刻而成，轻巧耐用。

保护世界遗产

世界遗产是全人类公认的具有突出意义和普遍价值的文物古迹和自然景观，经过联合国教科文组织和世界遗产委员会的确认。这些遗产是人类文明历史和文化多样性的直接体现。

目前，全球有1200多项世界遗产，共同推进着人类文明进程。保护这些遗产，既是对不同文化的尊重，也是对人类历史的传承。气候变化、资源开采、环境污染、过度旅游、冲突重现等，正在威胁着人类社会和世界遗产。

1972年，联合国大会通过了《保护世界文化和自然遗产公约》，指出世界遗产是“世界人民共有的、不可替代的财富”，呼吁各国为保护这些遗产而共同努力，以深化对不同文化的认知与尊重，促进文化多样性的蓬勃发展，共同构建一个和谐共融的世界。

习惯树

世界遗产不仅展示了人类悠久的历史和丰富的自然资源，还反映了人类文明发展的多样性和创造力。保护和传承好世界遗产是人类共同的责任。如果你是世界遗产推荐官，你会推荐哪些世界遗产呢？请查阅资料，并参照下例说一说吧！

我推荐的世界遗产是英国的巨石阵。这一遗产位于英国的索尔兹伯里平原。它的特点是由一些巨石搭建而成，石头位置奇特，排列成几个同心圆。关于巨石阵的作用众说纷纭，比如，有人认为它是古代的宗教仪式场所，还有人认为它是古代人的社交和集会场所，还有待科学家进一步探究。

为了更好地保护巨石阵，英国政府打造了史前时代文化公园，向民众宣传巨石阵及其重要性，还对受损的巨石进行安全检查和维护等。

我推荐的世界遗产是________________。

这一遗产位于________________。

它（们）的特点是________________。

为了更好地保护它（们），我们可以________

________________________________。

共同打造多元文化

文化如水，浸润无声，连接着一个民族的过去、现在和未来。在人类漫长的发展史中，不同民族，不同文化，各具特色，各有千秋。今天，世界各国之间的联系日益加强，不同文化之间的交流越来越频繁，人类需要和谐共处、互学互鉴，共同打造多元文化。

多元文化融合，是一种独特的力量，能让人们了解和认识不同文化，增进理解和相互尊重，推动世界不断向前发展。文化的不断交流、碰撞、融合，孕育出丰富多彩的人类文明。文明因多样而交流，因交流而互鉴，因互鉴而发展。文明交流互鉴，是推动人类文明进步与世界和平发展的重要动力。

活动园

如今，越来越多的外国人来到中国游玩。想一想：如果遇到了外国游客，你会如何在尊重对方文化的前提下，向他们介绍中国文化呢？

假如我遇到来自________（国家）的游客。

经过调查，我发现他们国家的文化特点是：

____

所以，在交流过程中，我需要注意：

____

我介绍的中国文化是：

____

第10课

合作团结共赢

故事导航

中法两国通过互利共赢的合作模式，共同推动了航空领域的发展。

2023年，两国达成协议，中国向法国购买160架空客飞机。这不仅促进了中国航空运输业的发展，也为法国带来了重要订单和市场份额。

作为回应，法国与中国签订合作协议，包括建造2型16艘超大型集装箱船、法国空客公司在天津投资建设第二条飞机生产线等。

合作，让中法两国发挥了各自优势，在航空等领域互利共赢，携手为世界和平与发展做出新贡献。

和平、发展、合作、共赢是时代发展的潮流。

你还知道哪些国际合作的例子？

处处有合作

社会生活中，每个人既是独一无二的个体，也是社会网络中的一分子。无论是在学校、家庭、工作场所，还是在社区，我们都需要与他人合作，以实现目标。

合作是推动社会前进的重要力量。它的前提和基础是确立共同目标。团队成员只有对目标有清晰的认识、一致的追求，才能形成强大的凝聚力。实现目标的关键是建立信任、合理分工，这样才能消除隔阂、减少摩擦，相互支持与共同发展。

我们需要珍惜每一次合作的机会，与他人建立良好的合作关系。通过合作，集合各方优势，共同应对挑战，从而创造更大价值。

放大镜

校园生活回忆

想一想：在你的校园生活中，有哪些事情与合作有关呢？在下面的横线上写一写。

还有＿＿＿＿＿＿＿＿＿＿＿＿＿＿＿＿＿＿＿＿

＿＿＿＿＿＿＿＿＿＿＿＿＿＿＿＿＿＿＿＿＿＿

活动园

“逃脱困境”游戏

游戏玩法

1. 将参与者分为5人一组，分别站在各自小组的绳圈内，要求所有人臀部以上的身体部位不得触碰绳子。
2. 游戏开始后，绳圈不能落地，参与者不许跳跃，违规触绳将被罚时。
3. 各小组参与者需要全体从绳子下面逃出绳圈，用时最短的团队获胜。

团结力量大

团结，是一种积极向上的精神状态。当团队中的每个成员都目标一致，心往一处想，劲往一处使时，就会凝聚成一股团结的力量，展现出惊人的能量。

团结能让每个人集中力量应对挑战、克服困难，还能激发每个人的潜能，促进思想碰撞、交流与融合，为集体发展注入不竭动力。在团结的集体中，人们互学互助，不断超越自我，携手共进。

团结，需要我们相互支持与尊重。在团队中，每个人都应关心他人的需求，提供帮助和支持；也应尊重他人的个性、能力和贡献，不随意批评和指责。这种氛围，能增进团队成员之间的情谊，促进团结精神的形成。

求同存异创共赢

当今世界，国际社会日益紧密相连。人类生活在同一个地球村里，越来越成为你中有我、我中有你的命运共同体。面对层出不穷的全球性挑战，各国需要求同存异，齐心合力，同舟共济，从而实现合作共赢，共创美好未来。

求同存异，和而不同。不同历史和国情，不同民族和习俗，孕育了不同文明，使世界更加丰富多彩。每一个国家和民族的文明都是独特的，都应得到理解和尊重。不同文明应和谐共生，共同为人类发展提供精神力量。

知识窗

国际人类团结日

为纪念联合国第一个消除贫穷十年（1997—2006），2005年12月22日，联合国大会决定宣布每年的12月20日为国际人类团结日。

这一节日的设立，旨在呼吁人们重视团结，求同存异，为所有人建设一个更美好、更安全的世界。

活动园

联合国

【成立】1945年4月25日，来自50个国家的代表在美国旧金山召开联合国国际组织会议。6月26日，50国代表签署了《联合国宪章》。同年10月24日，联合国正式成立。1947年，联合国大会决定，10月24日为联合国日。

【宗旨】维护国际和平与安全；发展各国间以尊重人民平等权利及自决原则为基础的友好关系；进行国际合作，以解决国际经济、社会、文化和人道主义性质的问题，并促进对于全体人类的人权和基本自由的尊重。

【会员国】联合国是最具普遍性、权威性和代表性的政府间国际组织。凡爱好和平、接受《联合国宪章》义务的国家，均可成为会员国。截至目前，联合国共有会员国193个。

【总部】联合国总部在美国纽约，在瑞士日内瓦、奥地利维也纳、肯尼亚内罗毕、泰国曼谷、埃塞俄比亚的斯亚贝巴、黎巴嫩贝鲁特、智利圣地亚哥分别设有办事处。

【徽记和旗帜】联合国的正式徽记是一个从北极俯瞰的世界地图，周围是两枝对称的橄榄枝。联合国旗帜的底色为浅蓝色，正中是一个白色的联合国徽记。

【语言】联合国正式语言有6种：中文、英文、法文、俄文、西班牙文和阿拉伯文。

联合国下设多个机构，它们各自承担不同的职能，通过分工合作，共同推动国际和平与安全。请你找出下列机构的对应职能，并用线连一连。

联合国的主要审议、决策和代表性机关，由联合国全部会员国组成。

负责处理大会和其他主要机关委任的各项日常工作，秘书长是联合国的首席行政长官。

联合国大会

安全理事会

经济及社会理事会

国际法院

秘书处

负有维护国际和平与安全的首要责任，由5个常任理事国和10个非常任理事国组成。

联合国的主要司法机关，依照国际法解决各国向其递交的法律争端。

主要负责促进国际社会在经社、文教和卫生等领域的合作以及人权事业的发展。

你还知道哪些促进团结合作的国际机构？

它们是怎样发挥作用的？

团结合作，我能行

世界上的每个人，都是一片独一无二的拼图。当我们紧紧相连时，才能拼出绚烂的图案。请以团结合作为主题，策划一次班级活动。在下面写一写，记录下自己的活动感受。

活动名称

活动方案

活动感受

第11课

保护多样生物

故事导航

1998年秋，一头受伤的母象离开云南西双版纳自然保护区，走进了勐腊县南坪村。当时，那里还没有专门给野象看病的医生。护林员赵金清发现后，买来消炎药救治它，给它投喂玉米。两个月后，野象还是因病走到了生命尽头。临终前，野象看到赵金清竟流下了眼泪。这段人象之间的感人故事，引发人们深思：如何为受伤的野象提供科学有效的救助？

2002年，为保护亚洲象，中国成立了西双版纳亚洲象救护与繁育中心。目前，中国亚洲象的数量已增至300多头，这一增长反映了生物多样性保护工作的成效。越来越多的人开始重视并参与到保护生物多样性的行动中，共同谱写着人与自然和谐共处的新篇章。

建立自然保护区，能有效保护生物多样性。你知道我国有哪些自然保护区吗？

面对全球性生物多样性危机，我们需要做些什么？

尊重生物多样性

在广袤无垠的地球上，有着无数奇妙而独特的生命，从微小的细菌到庞大的蓝鲸，从嫩绿的小草到参天的大树，共同编织着一幅绚烂的生物多样性画卷，让我们的地球充满着生机与活力。

生物多样性是人类赖以生存的条件，包括物种多样性、遗传多样性和生态系统多样性，是地球生态系统稳定和健康的基础。各种生物都生活在生态系统中，相互依存，相互影响，形成了一个复杂而稳定的网络，共同维持着生态平衡。

生物多样性见证着地球生命的演化，记录着亿万年的生命历程，也预示着生命的未来发展方向。保护生物多样性，守护地球家园，就是为所有生命构建共同的未来。

知识窗

亚马孙雨林的退化

位于南美洲的亚马孙热带雨林，跨越8个国家，约占世界森林面积的20%。这里，蕴藏着世界上最丰富多样的生物资源，植物、昆虫、鸟类及其他生物种类多达数百万种。

近年来，由于人类的砍伐和野火的肆虐，亚马孙雨林的面积日益减少，生物多样性遭到破坏。亚马孙雨林的退化，加速了全球变暖和气候危机，破坏着全球生态系统。保护亚马孙雨林，维护生态平衡，是人类刻不容缓的使命。

放大镜

2000年，联合国大会通过决议，确定每年的5月22日为国际生物多样性日。2024年，国际生物多样性日的主题是“生物多样性，你我共参与”。

为了保护生物多样性，世界各国采取了什么举措？查一查，说一说。

拯救濒危物种

在我们生活的蓝色地球上，生物多样性正面临着危机：森林被砍伐，动物失去家园；海洋被污染，鱼类难以生存。许多物种，正以惊人的速度从地球上消失。目前，全球有4万多物种被列入濒危物种红色名录，其中近四分之一面临灭绝风险。

拯救濒危物种，是复杂而紧迫的任务，需要各国政府、社会各界和公众共同努力。各国政府应加强国际合作，社会各界应积极参与，公众应提高保护意识，通过建立自然保护区、实施迁地保护、加强法律监管、利用科技手段监测等多种方式，共同保护濒危物种。

我们还要从自己力所能及的事情做起：尊重生命，爱护环境，节约能源，绿色出行……让我们携手努力，为子孙后代留下一个更加美丽、和谐与可持续发展的地球吧！

知识窗

世界灭绝野生动植物纪念地

在北京南海子麋鹿苑博物馆内，有一个世界灭绝野生动植物纪念地。在那里，排列着近300年来部分已灭绝动植物的名单。每一块倒下的多米诺骨牌，都代表着一种已经灭绝的动物或植物，上面记载着它们的拉丁文名和灭绝时间。

世界灭绝野生动植物纪念地的建立，主要是为了警醒人类，因为环境破坏、过度开发、盲目引种、环境污染等，许多物种已灭绝。1600年以来，超过700种的动植物被记录为已灭绝状态；而没有被记录的灭绝物种，特别是无脊椎动物，它们的数量则更多。

在你生活的地方，有哪些濒危物种？请你贴一贴、画一画，并填一填濒危物种小卡片吧！

（贴一贴、画一画）

名称	
保护级别	
濒危原因	

防控生物入侵

在自然界中，一些生物物种会从原来的生存地迁移到新的环境中。这些不速之客，或随风伴水而来，或人为有意无意引入。它们的到来，有时并不友好，会与本地物种争夺食物、水源和生存空间，甚至取代本地物种，从而破坏环境，导致生态系统失衡，生物多样性丧失。

面对生物入侵的挑战，我们

必须有所行动，加强对外来物种的监测与预警，通过科学方法预防外来物种非法入侵。防控生物入侵是一个全球性挑战，需要世界各国加强合作，携手应对，共同构建一个安全、健康、和谐的生态环境。

放大镜

维护国家生物安全是海关的重要职责。平平与家人出国游玩，回国过海关时下列哪些物品被禁止带回？请在圆圈里画“×”。

蝴蝶标本 ○

植物种苗 ○

奶酪 ○

水果 ○

鲜花 ○

新鲜牛肉 ○

《中华人民共和国生物安全法》《中华人民共和国进出境动植物检疫法》中，明确规定了禁止非法引进外来入侵物种。

为了防止生物入侵，世界各国设立了哪些机构？

习惯树

投身公益活动

为保护生物多样性，一些国家开展了形式多样的公益活动，如中国的保护江豚志愿者行动、澳大利亚的保护濒危海龟行动等，促进了人与自然的和谐共生。

请你利用课余时间，参加相关公益活动，成为宣传和保护生物多样性的小使者吧！

保护生物多样性，我在行动

（用图片或文字记录下你的行动点滴）

第12课

只有一个地球

故事导航

科学家预计，2024年将成为1850年以来最热的年份。研究表明，2024年前10个月的全球平均气温比1991—2020年的同期高出0.71℃，多个国家和地区的气温突破历史纪录。

全球变暖的主要原因是人类大量使用矿物燃料（如煤、石油等），排放出二氧化碳等多种温室气体，这些温室气体会导致气温上升。全球变暖会引发冰川融化、极端高温、森林火灾、水源枯竭等气候危机，对人类社会造成严重影响。

2015年通过的《巴黎协定》提出，将全球平均气温上升幅度控制在1.5℃以内。2023年，《联合国气候变化框架公约》第28次缔约方大会达成“阿联酋共识”，呼吁国际社会共同应对以全球变暖为主的气候变化。

你了解《巴黎协定》和“阿联酋共识”吗？

面对全球变暖，我们需要做些什么？

了解地球家园

在浩瀚无垠的宇宙中，有一颗神奇而美丽的蓝色星球。它就是全人类赖以生存的唯一家园——地球。地球是孕育生命的理想星球。从茂密的森林到广阔的草原，从巍峨的山峰到深邃的海洋，生命的奇迹无处不在。

地球的生态系统丰富多彩，山川、河流、平原、森林、湖泊、海洋等发挥着各自独特的作用，相互依存，相互影响，共同维持着生态平衡。其中，湿地、森林、海洋被称为地球三大生态系统。

地球之肾——湿地

湿地，约占地球陆地表面积的6%，约有40%的动植物生活于此。湿地是水陆相互作用形成的独特生态系统，能吸收二氧化碳，有助于减缓全球变暖和减少污染，被誉为“地球之肾”。

地球之肺——森林

森林是陆地上最具生物多样性的生态系统，是无数动植物的栖息地。森林通过光合作用，吸收二氧化碳，释放出我们赖以生存的氧气，维持着地球大气中的气体平衡，被誉为“地球之肺”。

地球之心——海洋

海洋，约占地球表面积的71%，容纳了地球上约97%的水量。海洋是生命的摇篮，也是资源的宝库。海洋汇聚了无数条河流，如同人体循环系统中的心脏，被誉为“地球之心”。

地球与人类关系密切。地球孕育着人类，为人类提供着生存的环境和丰富的资源。人类的生存与发展，又影响和改变着地球的面貌。

知识窗

世界地球日

每年的4月22日是世界地球日，旨在唤起人类爱护地球、保护家园的意识，促进资源开发与环境保护协调发展，改善地球的整体环境。2024年4月22日是第55个世界地球日，主题是“珍爱地球 人与自然和谐共生”。

如今，该活动已传播至全球192个国家，每年有超过10亿人参与其中。

无论世界怎么发展，都改变不了一个基本的事实，那就是宇宙只有一个地球，人类共有一个家园。我们要以同球共济精神珍爱和呵护地球，为子孙后代留下一片生存的乐土。

——习近平

保护生态环境

地球是人类共同的家园，但人类的活动有时却给地球带来破坏。森林、湖泊、湿地等正在消失；煤炭、石油等资源因为过度开采而面临枯竭；燃烧能源排放出的温室气体，导致全球气候变暖；空气污染、水污染和土壤污染，对人类健康和生态环境造成严重危害。

我们必须保护环境，人类的生产与发展、存在与灭绝，都与环境休戚相关。环境被破坏后，会增加人类患病的风险；会造成农业产量下降、自然灾害频发，不利于经济发展；会引发资源冲突，加剧贫困，增加社会不稳定因素。保护生态环境、寻求可持续发展，刻不容缓。

放大镜

地球写给人类的独白

人类：

你好！我是地球，我不会说话。或许你感受不到我，但从你诞生之日起，我就一直呵护着你，我甘愿把最富饶的资源都给你。你感受着我的美好，也知道我有时候脾气不好——火山喷发、地震、海啸……但我或许比你想象中的要脆弱一点：物种减少、海平面上升、海洋污染、气候变暖、资源锐减，人类的战争更是让我面目疮痍……我，并非生来如此。我还会存在很久很久，只是可能不再适合你们居住。你们如何对待环境和生命，与你们的命运休戚相关。

地球

读完地球写给我们的信，写下你的感想，然后与同学们分享。

我的感想

守护地球行动

守护我们赖以生存的地球，是每一个人的责任。我们可以从小事做起，守护地球家园。

我们要节约能源。养成随手关灯的习惯，及时关闭电器电源，使用节能灯和高效节能家电，减少电力消耗。节约用水，用完水后关闭水龙头，一水多用，珍惜水资源。

我们要低碳出行。优先步行、骑行或公共交通出行，使用共享交通工具，家庭用车优先选择新能源汽车或节能型汽车，减少空气污染。

我们要积极参与垃圾分类。学习并掌握垃圾分类和回收利用的知识，按标志单独投放有害垃圾，分类投放其他生活垃圾，不乱扔、乱放。

我们要践行绿色消费。优先选择绿色产品，尽量购买耐用品，少使用一次性用品，外出自带购物袋、水杯等。

我们要呵护自然生态。积极参与义务植树，保护动植物，不随意进入自然保护区，不购买、不使用珍稀野生动植物制品，拒食珍稀野生动植物。

每一点小小的努力，都能汇聚成保护地球的巨大力量。让我们一起行动起来，守护这个蓝色星球吧！

习惯树

日常生活中，为了减少垃圾对环境的污染、促进资源循环利用，我们要积极参与垃圾分类。想一想：下面的这些垃圾应被放进哪个垃圾桶内？请你画线连一连吧！

垃圾分类，人人有责

废铜烂铁　废纸　肉骨头　废弃的衣服　旧电池　过期药品　果皮

剩饭剩菜　卫生纸　碎玻璃片　菜根菜叶　一次性塑料餐盒　罐头盒

后记

1999年，联合国大会通过的《和平文化宣言和行动纲领》指出：“所有各级的教育是建立和平文化的主要手段之一。”2024年，联合国教科文组织提出启动一个新的旗舰计划，提供一套支持各国开展和平教育的全球标准，维护和弘扬教科文组织通过教育筑起保卫和平之屏障的长期努力。希望通过本书，同学们能理解和平的丰富内涵，掌握冲突转化技能，积极地认识自我与他人，关心人类社会可持续发展面临的各种挑战。

本书编写分工如下：

【第1课】【第5课】仝丹；

【第2课】张淑环；

【第3课】【第4课】赵雅玲；

【第6课】 朱洺锐；

【第7课】【第8课】缪青；

【第9课】 苏畅、王晓丽；

【第10课】【第11课】杨爱红；

【第12课】朱洺锐、刘亚男。

我对全书进行了架构、修改与学术指导，唐隽菁、缪青与郑海燕协助统稿、修改与编排。感谢北京南海子麋鹿苑博物馆的宋苑老师为本书供图。

和平教育课程在中国是一个自发探索的过程，江苏省特级教师唐隽菁老师和江苏省教学名师缪青老师及其团队、南京师范大学出版社的领导和编辑为本书的出版做出了特别贡献，正是她（他）们对和平教育的认同和承诺，坚定了我们出版本书的决心。这本书基于南京诸多小学多年开设和平教育课程的成功实践，我们希望这本书能成为小学生的必读书，普及和平教育，为和平社会培养“和平的人”。

刘 成